BEI GRIN MACHT SICH IHR WISSEN BEZAHLT

- Wir veröffentlichen Ihre Hausarbeit, Bachelor- und Masterarbeit

- Ihr eigenes eBook und Buch - weltweit in allen wichtigen Shops

- Verdienen Sie an jedem Verkauf

Jetzt bei www.GRIN.com hochladen und kostenlos publizieren

Bibliografische Information der Deutschen Nationalbibliothek:

Die Deutsche Bibliothek verzeichnet diese Publikation in der Deutschen National-
bibliografie; detaillierte bibliografische Daten sind im Internet über http://dnb.d-
nb.de/ abrufbar.

Impressum:

Copyright © 2015 GRIN Verlag, Open Publishing GmbH
Druck und Bindung: Books on Demand GmbH, Norderstedt Germany
ISBN: 978-3-668-20570-3

Dieses Buch bei GRIN:

http://www.grin.com/de/e-book/321181/pompeius-und-das-erste-triumvirat

Martin Kliebe

Pompeius und das erste Triumvirat

GRIN Verlag

Inhaltsverzeichnis

1 Einleitung

Der Bürgerkrieg zwischen Pompeius und Caesar ist wohl einer der bekanntesten Themenbereiche der römischen Geschichte, weswegen wohl die meisten die Annahme haben, dass Caesar und Pompeius bereits seit frühester Zeit erbitterte Feinde waren. Doch ist dies tatsächlich so oder verband die beiden sogar zuerst eine Freundschaft, die sich allmählich in einen offenen Konflikt entwickelte?

In meiner Hausarbeit möchte ich mich intensiver mit dem ersten Triumvirat auseinandersetzen, welches in der Forschungsliteratur, gemessen an seiner von mir zugesprochenen Bedeutung eine eher geringere Bedeutung einnimmt. Dabei halte ich es allerdings für unerlässlich die (politischen) Aufstiege der zwei bedeutendsten Partner des Triumvirats vorzustellen. Durch welche Ereignisse kamen Pompeius und Caesar zu der Macht, die sie innehatten und welche besonderen individuellen Fähigkeiten verhalfen ihnen dabei? Dabei richte ich noch genauer den Fokus auf Pompeius, da zu Caesar bereits wesentlich mehr Forschungsliteratur vorliegt. Weiterhin möchte ich erarbeiten, ob es eine federführende Person innerhalb dieses „Bündnisses" gab und wenn ja, wie sich dies kennzeichnete. Die Rolle des dritten Partners im Bunde, Crassus, erwähne ich aufgrund des Umfangs und seiner im Vergleich zu Pompeius und Caesar unbedeutenderen Rolle, lediglich am Rande.

Weiterhin ist es eine spannende Frage, welche Ziele und Vorstellungen die beteiligten Personen von der Bildung des Triumvirats hatten und welche Vorteile sich sich jeweils davon versprachen. Handelte es sich außerdem um ein Bündnis zum Wohle der Republik oder lediglich zum Nutzen eines jeden selbst?

Weiterhin muss untersucht werden, welchen Charakter das Triumvirat besaß, wie es überhaupt zustande kam und welche Auswirkungen es auf den Verlauf der Geschichte hatte, bevor es letztlich sein Ende fand.

2 Aufstieg des Pompeius

2.1 Die Anfänge

Pompeius wuchs bereits in frühester Jugend mit dem Kriegshandwerk und militärischer Begeisterung und gründlicher Schulung auf. Zu begründen ist dies wohl an seinem Vater Pompeius Strabo, der sich im Bundesgenossenkroieg als Konsul auszeichnete und darüber hinaus Feldherr war. Pompeius Strabo hielt sich in den Jahren der Revolution mehrheitlich neutral und versuchte eine Versöhnung der streitenden Parteien zu erzwingen. Allerdings geriet er durch diese Haltung selbst in das Visier der Streitführer, starb eines natürlichen Todes und ließ seinen Sohn in dieser brenzligen Lage zurück. Pompeius entwich dieser Situation und hielt sich in den folgenden Jahren aus Rom fern und hielt sich im Picenerland auf, welches sich an der Ostküste Italiens befindet. In der Rückkehr Sullas erkannte er für sich selbst die Chance, an Einfluss und Macht zu gewinnen. Daher bezog er eindeutig Partei für Sulla und unterstützte diesen mit militärischen Mitteln seines Vaters, welche Sulla gut gebrauchen konnte. Sulla erzielte mit der tatkräftigen Unterstützung Pompeius' große Siege in Sizilien und Afrika im Rahmen der Bürgerkriege. Pompeius fiel bereits zu diesem Zeitpunkt mit Anfang zwanzig Jahren durch sein großes Selbstbewusstsein und seine Zielstrebigkeit auf, Eigenschaften, welche kennzeichnend für seinen weiteren Lebenslauf sein sollten. Die Tatsache, dass Pompeius in diesem jungen Alter bereits das Kommando über militärische Truppen führte, auch wenn dies ohne außerordentliche Ermächtigung und Amtsqualifikation geschah, war eine Seltenheit in der römischen Geschichte.

Weiterhin erlangte er großen Ruhm durch die Bekämpfung des Sertorius, eines Militärtribuns und Statthalters der spanischen Provinzen, der sich vergeblich gegen Sulla und Pompeius stellte. Nach dem Sieg über Sertorius kehrte Pompeius ruhmvoll nach Rom zurück und forderte seine Bewerbung um das Amt eines Konsuls. Durch geschickte Verhandlungen und getroffene Arrangements gelang es ihm, zusammen mit Crassus im Jahr 70 v. Chr. zum Konsul gewählt zu werden. Bereits im Jahr 67 v. Chr. gelang ihm der nächste militärische Erfolg, nachdem er durch einen Volksbeschluss ein umfassendes Kommando zur Bekämpfung der Piraten erhielt, die bereits seit Jahren im Mittelmeer ihr Unwesen trieben und bis dato nicht besiegt werden konnten.[1]

---

[1] Vgl. Alfred Heuß, Römische Geschichte, 10. Auflage, Paderborn 2007, S. 194-196.

2.2 Pompeius im Osten

Im Jahr 66 v. Chr. erhielt Pompeius auf Veranlassung des Volkstribunen Manilius, der in enger Verbindung mit Pompeius stand, eines neues Kommando über militärische Kräfte und den Auftrag, im asiatischen Osten Krieg gegen den Mithridates zu führen. Durch diese erfolgreichen Feldzüge im Osten gelang es ihm, in der römischen Bevölkerung sehr große Zustimmung und Bewunderung zu erlangen, welche sich durch durch den vom Volk gegebenen Beinamen „Der Große" (Magnus) widerspiegelte. So war es ihm möglich in den ihm zugeteilten fünf Jahren eine Herrschaft im Osten zu errichten, welche auf großer militärischer Stärke und Unterstützung des Volkes fußte, welche in der damaligen antiken Welt seinesgleichen suchte. Seine errungene Macht stellt selbst diejenige des Sulla in den Schatten, welche dieser einst gegen Italien innehatte. Dies führte auf Seiten des Senats zu einiger Beunruhigung, da man ein zu starkes Aufbegehren des Feldherrn fürchtete, weswegen man der Rückkehr des Pompeius durchaus skeptisch gegenüberstand.

Nach der „Catilinarischen Verschwörung"[2] erhoffte sich das römische Volk die Rückkehr Pompeius', der Ende des Jahres 62 v. Chr. mit seinem Heer in Brundisium landete und zur Verwunderung aller sein Heer entließ. Zu diesem Zeitpunkt hätte er die Möglichkeit gehabt, die ungeordneten Verhältnisse in Rom zur Machtübernahme im eigenen Interesse zu nutzen, was er allerdings durch den Verzicht von Gewaltanwendung unterließ.

In Rom angekommen bat er nun im Rahmen seiner Abwicklung seines Kommandos im Osten um eine zivile Versorgung seiner ehemaligen Soldaten durch Landzuweisungen und die Bestätigungen seiner Verwaltung in den östlichen Provinzen. Obwohl diese Forderungen eigentlich keinerlei politischen Zündstoff boten, sondern als eher folgerichtig einzuordnen sind, weigerte sich die römische Politik, diese Forderungen umzusetzen und honorierte damit nicht die Friedseeligkeit Pompeius'. Diese Vorgehensweise musste von Pompeius wohl als Schikane wahrgenommen worden sein. Er schaffte es zwar in den Jahren 61 und 60 v. Chr., enge Vertraute in das Konsulat einzusetzen, dennoch konnte sein Anliegen nicht durchgesetzt werden, was für diesen und seine ehemaligen Truppen einer Demütigung gleichkam. Diese spannungsgeladene Ausgangslage sollte für den weiteren Verlauf der Geschehnisse entscheidend sein, da sich die Machthaber in Rom aufgrund politischer Nichtigkeiten einen mächtigen Feind in Person von Pompeius machten, dessen Einfluss und militärische Schlagkraft man eindeutig (noch) unterschätzte.

---

[2] siehe: Heuß, Röm. Geschichte, S. 196-197.

3 Aufstieg Caesars

Caesar wurde 102 oder 100 v. Chr. aus einem patrizischen Geschlecht stammend geboren und war somit in nahezu demselben Alter wie Pompeius. In der Jugendzeit Caesars lassen sich gewisse Parallelen zu Pompeius feststellen. So hatte der Bürgerkrieg der achtziger Jahre direkten Einfluss auf deren Entwicklung und Lebenslauf. Aufgrund der Verwandtschaft zählte man Caesar anfangs als Anhänger des Marius und Cinna und war deshalb im Zuge der Gegenrevolution Sullas dessen Verfolgungen ausgesetzt, welche er nur mit großem Glück und Mühe überlebte. Im Gegensatz vieler seiner Mitstreiter schlug er sich allerdings nicht auf die siegreiche Seite der Gegenrevolution, sondern blieb seinem Standpunkt treu und galt als manifester Gegner der Sullanischen Restauration. Caesar absolvierte in Kleinasien seinen Militärdienst und kehrte nach Sullas Tod nach Rom zurück und partizipierte direkt an der Opposition gegen die damaligen Machthaber. Aufgrund seiner Vergangenheit und seiner klaren politischen Positionierung, welche eine Seltenheit war und somit hoch angesehen wurde, war ebenfalls für jeden ersichtlich, wem gegenüber Caesar feindlich gesonnen war.

Als junger Senator sprach er sich für das Sonderkommando des Pompeius gegen die Piraten aus und unterstützte ebenfalls politisch dessen spätere Rückkehr nach Rom. Seine Unterstützung für Pompeius beruhte allerdings weniger auf Sympathie oder anderen Gründen, sondern vielmehr auf der Tatsache, dass Pompeius ebenfalls eine kritische Einstellung gegenüber dem Senat vertrat und somit ein potentieller Mitstreiter für seine Unternehmung war, den Senat zu stürzen. Die Unterstützung für Pompeius kann somit ganz eindeutig als berechnetes und teils egoistisches Vorgehen von Caesar eingestuft werden. Selbstverständlich bevorzugte es Caesar, höchstselbst den Senat zu stürzen einen Schlag gegen die Regierung durchzuführen, doch blieben ihm diese Möglichkeiten verwehrt, da man ihm keinen Zugang zu Sondervollmachten/-kommandos erlaubte, wie es beispielsweise Pompeius gelungen war, weshalb er zunehmend seinen Fokus darauf legte, wie er seine Ziele und mit welcher Unterstützung erreichen kann.

Wie bereits erwähnt gelang es Caesar im Jahr 60 v. Chr. zum Konsul für das Jahr 59 gewählt zu werden, allerdings stand er innerhalb dieser Zeit unter scharfer Überwachung der Optimaten[3], welche dessen Befugnisse und Machtbereiche bestmöglich einzuschränken versuchten und ihm keinen Zugang zu militärischen Mitteln oder dem Einfluss von eigenen Provinzen zuließen.[4]

---

[3] Optimaten waren die Vertreter des konservativen Adels und strikte Verfechter des Senats.

[4] Vgl. Heuß, Röm. Geschichte, S. 198 f. ; Michael Grant, Caesar. Genie-Eroberer-Diktator, Hamburg 1977, S. 44-48 ;Martin Jehne, Caesar, München 1977, S. 38 ff..

4 Das erste Triumvirat

4.1 Bildung des Triumvirats

Durch die Lebensläufe, Erfolge und teilweisen Misserfolge und alleine nicht zu erreichenden Ziele von Pompeius und Caesar etablierte sich folglich eine Ausgangslage, welche den Weg zur Bildung des ersten Triumvirat bereiten sollte. So suchte Pompeius dringlich einen Konsul als Amtsinhaber, der ihm seine Verfügungen im Osten und sein eingebrachtes Landverteilungsgesetz bestätigte, was ihm in den letzten Jahren verwehrt wurde. Auf der anderen Seite suchte Caesar einen Kooperationspartner, der ihm einflussreiche Vollmachten verschaffen konnte und ihm somit Zugang zu Provinzen oder militärischen Kommandos ermöglichte. Die derzeitigen Optimaten und Machthaber schufen sich somit eigens Gegner, mit bedeutenden Einflussmöglichkeiten und Zielen, welche sich lediglich noch finden mussten, um ihre Macht gemeinsam zu bündeln und sich gemeinsam gegen die Senatskonstruktion zu stellen.

Caesar erkannte diese Lage wohl als erster und suchte wahrscheinlich bereits im Dezember des Jahres 60 v. Chr. den Kontakt zu Pompeius, um sich mit ihm über die gemeinsamen Interessen auszutauschen und einen Konsens zu finden. Weiterhin nahm er Kontakt mit Marcus Licinius Crassus auf, der ebenfalls Auseinandersetzungen mit dem Senat hatte. Sein Anliegen war es, Vergünstigungen für die Pächter der kleinasiatischen Steuern zu bewirken. In dieser Zeit war es durchaus gängige Methode, dass der römische Staat einen Großteil seiner steuerlichen Ansprüche per Auktion an Konsortien verkaufte, welche zum Zwecke des eigenen Verdienstes wiederum versuchten, größere Einnahmen in den Gebieten zu erzielen, als sie dem Staat abführen mussten. Zwar wurden dabei in den meisten Fällen große Gewinne erzielt, doch wurde sich zum Teil auch verspekuliert, so dass diese Steuerpächter nun versuchten mit Hilfe des Crassus ihrer Verluste durch Umlagerung auf die Allgemeinheit zu reduzieren. Dieser Antrag im Senat seitens Crassus wurde allerdings in ähnlicher Weise wie der Antrag des Pompeius zum Trotze dessen abgelehnt.[5]

Sowohl Pompeius, Caesar, als auch Crassus einte also der gemeinsame Feind: Die Optimaten und der Senat, welche alle drei im besten Fall beseitigen wollten. Als Hindernis für den gemeinsamen Pakt stellte sich lediglich die gespannte Beziehung zwischen Crassus und Pompeius heraus, welche zum überwiegenden Teil auf psychologischen Gründen beruhte und sich durch großen beiderseitigen Neid auszeichnete. Caesar gelang es allerdings die Spannungen

---

5 Vgl. Jehne, Caesar, S. 40-41.

zwischen Crassus und Pompeius beizulegen, indem er ihnen verdeutlichte, dass sie ein gemeinsames Ziel verfolgten und jeder dadurch profitiere. In diesem Prozess wird die außerordentliche Vermittlungs- und Kompromisskompetenz Caesars deutlich, welche auch maßgeblich für seine späteren Erfolge entscheidend sein werden.[6]

Die entscheidende Initiative seitens Caesars erkannte bereits Plutarch und schreibt dieser im Jahr 60 v. Chr. geschlossenen Allianz zwischen Pompeius, Caesar und Crassus, welche heute oft als das sogenannte „1. Triumvirat" bezeichnet wird, eine folgenschwere Bedeutung zu :

Die bisher Verfeindeten machte Caesar wieder zu Freunden und vermochte damit das politische Ansehen beider auf sich zu vereinigen. Damit gelang ihm durch eine so menschenfreundlich erscheinende Tat eine entscheidende politische Kräfteverschiebung. Es war nämlich nicht, wie die meisten annehmen, das Zerwürfnis zwischen Caesar und Pompeius, das am Ausbruch des Bürgerkrieges schuld war, die grundlegende Ursache war vielmehr ihre Freundschaft, denn sie gingen ihre Verbindung zunächst einmal ein mit dem Ziel, die Senatsherrschaft zu stürzen (...).[7]

Die Bemerkung Plutarchs beschreibt sehr treffend die treibende Kraft Caesars am Zustandekommen des ersten Triumvirats und die dadurch entstandene Kräftebündelung. Caesar war zwar Pompeius und Crassus hinsichtlich militärischer Kräfte weit unterlegen, doch besaß er als Konsul die taktische Initiative und war beiden an politischer und geistiger Begabung wohl überlegen, was ihm die Führungsposition in diesem Dreierbündnis zukommen ließ. Hierbei muss allerdings noch betont werden, dass durch diese Allianz alle drei profitierten und nach der Kontaktaufnahme durch Caesar bereitwillig das Bündnis eingingen.[8]

Bezüglich des Charakters dieses ersten Triumvirats gilt es zu beachten, dass es sich dabei nicht um ein formelles Amt oder eine niedergeschriebenes Bündnis an sich handelte, sondern eher um eine private Absprache zwischen den dreien, dass in der Politik nichts geschehen soll, was einem der drei missfallen oder schaden könnte. Zudem legten die Beteiligten großen Wert darauf, dass diese Absprache Geheimsache blieb. Aus heutiger Sicht könnte man es also durchaus als eine Art Burgfrieden bezeichnen, welcher den Zweck hatte, dass die drei jeweils keinen politischen

---

[6] Vgl. Heuß, röm. Geschichte, S. 200 f..

[7] Plutarch, *Caesar 13*.

[8] Vgl. Matthias Gelzer, Caesar. Der Politiker und Staatsmann, Stuttgart 2008, S. 57.

„Angriff" in ihrem Rücken fürchten mussten und gleichzeitig eine allmächtige und diktatoriale Union bildeten.[9]

Nach Heuss[10] war eine solche Verständigung zwischen Einzelpersonen nichts neuartiges oder gar revolutionäres in der römischen Politiklandschaft, da eigentlich die sämtliche traditionelle römische Innenpolitik auf privaten Absprachen innerhalb der regierenden Masse beruhte. Das laut Heuss Revolutionäre lag in der Konstellation der drei Persönlichkeiten, von denen man eindeutig wusste, dass sie Feinde der bisherigen Staatsordnung waren und dass ihre Macht nicht auf dem Einfluss in der aristokratischen Gesellschaft beruhte. Vielmehr lag ihr Einfluss und die von ihnen ausgehende Gefahr in der Masse ihrer Gefolgschaft, die es ermöglichte, die Abstimmungen des Volkes gewinnen zu können.

4.2 Auswirkungen des Triumvirats

Caesar trat im Jahr 59. v. Chr. sein Konsulat gemeinsam mit Marcus Calpurnius Bibulus an. Beide standen in einem sehr kritischen Verhältnis zueinander, welches durchaus als feindschaftlich bezeichnet werden kann. Unverzüglich nach Amtsantritt gelang es Caesar, ein Ackergesetz auf den Weg zu bringen, welches beinhaltete, dass Veteranen, die im Osten für Pompeius gekämpft hatten, in einem der landwirtschaftlich ertragreichsten Landschaften Italiens ansiedeln konnten, wodurch im Umkreis von der Stadt Capua eine neue Kolonie entstehen sollte. Außerdem wurde per Gesetz die von Pompeius eingeführte östliche Reichsordnung bestätigt, so dass die von Pompeius gesteckten Ziele zügig in die Tat umgesetzt wurden und seine Versprechen gegenüber seinen Soldaten eingehalten wurden. Zudem wurde ebenfalls durch arrangierten Volksbeschluss verfügt, dass ein Pachtnachlass für die Steuerpächter der Provinz Asia durchgesetzt wurde, welches das größte Anliegen Crassus' gewesen war.[11]

Es wurden allerdings nicht nur die Ziele von Pompeius und Crassus erfüllt, sondern auch die Begehren Caesars in Angriff genommen. So wurde Caesar mit dem großen Sonderkommando in den Provinzen Gallia Cisalpina (Oberitalien) und Illyricum (Region an der dalmatischen Küste) für die Dauer von fünf Jahren betraut. Der Senat musste nach Antrag des Pompeius Caesar sogar noch die Provinz Gallia Narbonensis übertragen, so dass Caesar ab diesem Zeitpunkt Zugriff auf

---

[9] Vgl. Augusto Fraschetti, Caesar. Eine Biographie, Stuttgart 2015, S. 33-35 ; Vgl. Martin Jehne, Die römische Republik, München 2006, S. 112ff..

[10] Vgl. Heuss, röm. Geschichte, S.200.

[11] Vgl. Jehne, röm. Republik, S. 112.

insgesamt vier eigene Legionen hatte. All jene Anträge wurden jeweils gegen den Willen des Mitkonsuls Bibulus durchgesetzt, teils sogar durch die Anwendung von Gewalt gegenüber politischen, vetoberechtigten Gegnern, darunter sogar Volkstribunen, vom Abstimmungsplatz.[12] Die Umsetzungen des Triumvirats hatten einen erheblichen Machtzuwachs der beteiligten Partner zur Folge, von denen allerdings Caesar am meisten profitierte. Fürchtete man vorher die militärische Macht von Pompeius und die Gefahr die für Rom von ihm ausging, so mussten jene Bedenken nun aufgrund des Machtzuwachses Caesar und der direkten Eingriffsmöglichkeiten dessen Truppen aus Norditalien nun umso größer sein.

Selbstverständlich sah die Opposition des machtvollen Trios nicht tatenlos bei deren Machtausbau durch höchst zweifelhafte „Legalität" zu, sondern leistete so gut es ging Widerstand und formierte sich zunehmend mehr. So kam es, dass Bibulus sich aufgrund der Drohungen in sein Haus zurückzog und somit Caesar zwar nahezu freie Hand als Konsul ließ, dessen Handlungen allerdings immer wieder durch öffentlich aufgehängte Edikte scharf kommentierte und kritisierte. Dadurch machte er die römische Bevölkerung mehr und mehr auf die skandalträchtigen Umstände des damaligen Konsulats aufmerksam, was dadurch deutlich wurde, dass Caesar und Pompeius bei einem öffentlichen Auftritt im Theater ausgepfiffen wurden. Es war also absehbar, dass es derartig nicht weitergehen konnte und es mussten Maßnahmen getroffen werden, um die bereits verabschiedeten Gesetze für die Zeit nach Caesars Konsulat zu sichern. Um sich der starken Unterstützung des Pompeius in der Zukunft sicher zu sein, verheiratete er seine Tochter Julia mit dem Feldherrn und trieb selbst seinen eigenen Machtausbau in den eigenen von ihm verwalteten Provinzen voran.

Aufgrund weiterer Konflikte mit dem Senat und des wachsenden Widerstandes gegen das Konsulat und die Gesetze Caesars, reiste Caesar im Frühjahr des Jahres 58 v. Chr. in seine Provinzen ab. Es zeichnete sich ab, dass er seine eingebrachten Gesetze und sich selbst vor den sich geschaffenen Feinden nur durch einen herausragenden militärischen Eroberungszug und Triumph schützen konnte, was als Initialzündung für den Gallischen Krieg Caesars und dessen folgender Alleinherrschaft angesehen werden kann.[13]

---

[12] Vgl. Heuss, röm. Geschichte, S. 201.

[13] Vgl. Jehne, Caesar, S. 44-48.

4.3 Zusammenbruch des Triumvirats

Der Feldzug Caesars nach Gallien verlief bekanntermaßen sehr erfolgreich, so dass er bis zum Jahre 54 seine dortigen Besetzungen manifestieren konnte. Dennoch blieb die Problematik seiner römischen Innenpolitik bestehen. Im Jahr 57 wurde Pompeius eine weitreichende Vollmacht in Rom zuteil, die ihn für die Getreideversorgung der Stadt verantwortlich machte und stand aufgrund der örtlichen Nähe, in größer werdendem Kontakt zu Caesars Gegnern aus dem Jahr 59. Diese Gefahr wahrnehmend, strebte Caesar zunächst ein Treffen mit Crassus in Ravenna an, bevor sich alle drei in Luca trafen. An diesem Ort wurde die private Absprache erneuert und hatte wohl zum   Inhalt, dass sich Crassus und Pompeius im Jahr 55 für ein erneutes gemeinsames Konsulat bewerben sollten. In der Zeit dieses Konsulats, welches sich im Übrigen durch wiederholten Einsatz von Prügeltruppen gegenüber politischer Konkurrenten erneut als höchst zweifelhaft legal erwies, wurde Pompeius das Kommando über zwei Provinzen in Spanien für 5 Jahre übertragen. Crassus erhielt die Provinz Syrien, was ihm ermöglichte, Krieg gegen das Partherreich zu führen.. Der dritte Partner des Triumvirats, Crassus, fiel im Jahr 53 in einem Feldzug in Mesopotamien, durch den er versuchen wollte, hinsichtlich des militärischen Ruhms und der militärischen Macht mit Caesar und Pompeius gleichzuziehen. Mit dem Tod Crassus' brach somit ein wichtiges Gegengewicht in der Dreierkonstellation weg, welches insbesondere für Caesar von großem Vorteil war. Zudem verstarb Caesars Tochter Julia, die als ein wichtiger Garant für dessen Verbindung und Bündnis mit Pompeius galt. Eine erneute Heiratsverbindung, die im Interesse Caesars lag, lehnte Pompeius ab, da er nun mehr und mehr von dem nicht mehr eindeutigen Bündnis mit Caesar profitierte. Als im Jahr 52 schwere Unruhen wegen des Mordes an Publius Clodius Pulcher in Rom ausbrachen, wusste sich der Senat nicht anders zu helfen, als den Notstand zu verhängen und den Proconsul Pompeius zu berechtigen, die Aufstände mit Hilfe seiner Truppen niederzuschlagen. Diese Rettung des Senats brachte Pompeius ein neues immenses Vertrauen seitens des Senats und hatte zur Folge, dass er sein Konsulat *sine collega* (Ohne Amtskollegen) bekleiden durfte. Weiterhin heiratete er Cornelia, die Tochter des Quintus Caecilius Metellus Scipio, der als eindeutiger Optimat und Caesargegner bekannt war. Caesar, der noch immer in Gallien und Germanien gebunden war, konnte diesem Treiben nur zusehen, der erst nach seinem Sieg über Gallier und Germanen und die Niederschlagung deren Rebellion im Jahr 50 nach Rom zurückkehren konnte. Seine Wiederkehr fiel zwar aufgrund der gewaltigen Erfolge sehr pompös und ruhmvoll aus, da zu seinen Ehren Spiele abgehalten wurden, dennoch stand der Höhepunkt des Konflikts mit Pompeius kurz bevor.[14]

5 Fazit

Unbestritten handelt es sich bei Pompeius und Caesar im ersten Jahrhundert vor Christus um zwei der mächtigsten Persönlichkeiten der römischen Republik, die einen rasanten persönlichen Aufstieg zurückgelegt haben. Beide verbindet die Tatsache, dass ihr militärisches Geschick und Talent einen entscheidenden Einfluss auf deren Laufbahn genommen hat. Dabei ist bemerkenswert, dass sich Pompeius seinen militärischen und politischen Einfluss sehr geschickt „erschlichen" hat, indem er es umging, die klassische Ämterlaufbahn zu durchlaufen, sondern sich vielmehr eigenmächtig an die Spitze des Heeres seines Vaters setzte. Durch tadellos militärische Erfolge, gelang es Pompeius, im Jahr 70 v. Chr. mit einem seiner späteren Partner, Crassus, zum Konsul gewählt zu werden. Seine größten militärischen Erfolge, unter anderem der Sieg über die Seeräuber 67 v. Chr. und seine bekannten Feldzüge im Osten bis hin zum Jahr 62 v. Chr. ließen seinen Einfluss noch größer werden.

Caesar, der sich seine militärischen Geschicke beim Militärdienst in Kleinasien aneignete und daraufhin als junger Senator in Rom fungierte, zählte zunächst als einer der Unterstützer der Rückkehr des Pompeius nach Rom. Caesar, dessen Stärke unbestritten in seinem politischen Talent lag, plante hinsichtlich dieser Unterstützung bereits langfristig, da er sich bereits bewusst war, eine solch bedeutende und mächtige Persönlichkeit wie Pompeius besser als Freund zu haben denn als Feind. Letztlich gelang es Caesar mit Hilfe des Pompeius und der überwiegend fianziellen Hilfe Crassus' im Jahr 59 v. Chr. zum Konsul gewählt zu werden.

Der Grund, weshalb sich diese drei Männer mittels einer geheimen, privaten Absprache zum ersten Triumvirat zusammenschlossen, lag in ihrer gemeinsamen Zielsetzung. Alle verfolgten das Ziel, den Senat abzuschaffen und möglichst selbst an Sondervollmachten und Militärkommandos zu gelangen. Pompeius' Beweggrund war zudem die vorher vom Senat abgelehnten Ratifizierungen seiner Verwaltungen im Osten und die Landzuweisungen für seine Veteranen, weshalb sich der Senat selbst einen starken Feind ins Leben rief. Diese Umsetzungen gelangen ihnen allerdings nur durch die gegenseitige Unterstützung und dem Abschluss einer Art „Burgfriedens", der ihnen eine gewisse Sicherheit gab, den jeweils anderen Bündnispartner

---

[14] Vgl. Rainer Vollkommer, Das römische Weltreich, Stuttgart 2008, S. 63-69 ; Vgl Heuss, röm. Geschichte, S. 198-204 ; Vgl. Jehne, röm. Republik, S. 114-120.

fürchten zu müssen. Innerhalb der Zeit des Triumvirats wurden folgenschwere Entscheidungen getroffen, so z.B. die Übertragung des Kommandos der Provinzen nahe Gallien, was den Grundstein für den langanhaltenden Gallischen Krieg legte.

Ins Wanken geriet das Triumvirat erst durch den Tod Crassus, welcher das vorher etablierte Kräftegleichgewicht zwischen den Bündnispartner ins Wanken brachte, sowie der Tod der Tochter Caesars.

Pompeius konnte im Jahr 52 v. Chr. die Gunst der Stunde nutzen und sich durch die Niederschlagung eines Aufstands in Rom zum alleinigen Konsul wählen lassen. Gleichzeitig war Caesar durch die Feldzüge in Gallien in militärischer Sicht ebenfalls äußerst einflussreich geworden, was die Spannungen zwischen Pompeius und Caesar zunehmend stiegen ließ. Beide hofften nun aufgrund ihres gewonnen Einflusses auf eine mögliche Alleinherrschaft und bedurften nun nicht mehr der Unterstützung des jeweils anderen, was die Ausgangslage für den folglich ausgebrochenen Bürgerkrieg war und damit das Todesurteil der Republik war.

Es ist also ersichtlich, dass in der Zeit des Triumvirats wichtige und folgenschwere Entscheidungen zwischen den wichtigsten Männern der damaligen Zeit getroffen worden waren, die den Lauf der Geschichte entscheidend prägen sollten.

Literaturverzeichnis

Fraschetti, Augusto, Caesar. Eine Biographie, Stuttgart 2015

Grant, Michael, Caesar. Genie-Eroberer-Diktator, Hamburg 1977.

Gelzer, Matthias, Caesar. Der Politiker und Staatsmann, Stuttgart 2008.

Heuss, Alfred, Römische Geschichte, 10. Auflage, Paderborn 2007.

Jehne, Martin, Caesar, München 1977.

Jehne, Martin, Die römische Republik. Von der Gründung bis Caesar, München 2006.

Vollkommer, Rainer, Das römische Weltreich, Stuttgart 2008.